LE FILS
D'UN VIEUX SOLDAT,

ou

LA TRANSLATION DES CENDRES

DE

NAPOLÉON.

—

BUGNARD (Georges-Joseph), professeur au collége royal de Pau.

—

NOUVELLE ÉDITION,

CORRIGÉE ET AUGMENTÉE.

—

Reddite quæ sunt Cæsaris, Cæsari;
Et quæ sunt Dei, Deo.

(L'Évangile.)

Prix : Un franc.

TARBES,

J.-A. FOUGA, IMPRIMEUR DE LA PRÉFECTURE.

*

1847.

LE FILS D'UN VIEUX SOLDAT,

OU

LA TRANSLATION DES CENDRES

DE

NAPOLÉON.

—

BUGNARD (Georges-Joseph), professeur au collége royal de Pau.

—

NOUVELLE ÉDITION,

CORRIGÉE ET AUGMENTÉE.

—

Reddite quæ sunt Cæsaris, Cæsari;
Et quæ sunt Dei, Deo.

(L'Évangile.)

TARBES,

TYPOGRAPHIE DE J.-A. FOUGA.

*

1847.

PRÉFACE.

On avait plusieurs fois sollicité du Gouvernement la translation des cendres de Napoléon, quand je crus voir, dans l'avènement du 1ᵉʳ mars, une occasion favorable pour revenir à la charge : je publiai donc, le 15 mars 1840, *Les Vœux du Peuple*, que j'adressai, avec *La Mort de Napoléon*, à M. Thiers, ministre des affaires étrangères et président du Conseil, en lui rappelant la part qu'il avait eue, étant ministre de l'intérieur, au rétablissement de la statue de l'Empereur sur la colonne (1).

---

(1) J'avais encore envoyé *La Mort de Napoléon* et *Les Vœux du Peuple*, mais sans lettre, aux présidents des deux chambres et à quelques généraux, notamment à M. le comte Bertrand.

La réponse date du 27 mars ; et , 37 jours après , le 3 mai , M. Thiers , président du Conseil , demanda les restes du grand homme à M. le comte Granville , ambassadeur d'Angleterre à Paris. Notre ambassadeur à Londres ne fit , il est vrai , la demande officielle que le 10 ; mais le Gouvernement anglais avait expédié , la veille , la dépêche qui répondait aux vœux de notre premier ministre.

Encouragé par mon heureux début , je publiai , le 15 décembre suivant , la première édition de cet opuscule : elle a eu plus de succès que je n'en espérais, car elle a obtenu de brillants suffrages jusques dans l'Italie.

J'ai néanmoins retouché quelques pièces ; j'ai même retranché la traduction d'une ode de Pindare , qui me paraissait un hors-d'œuvre et qui sera beaucoup mieux placée ailleurs ; du reste, je prie ceux qui regretteraient de ne pas la voir ici , de regarder comme une compensation l'appendice dont cette nouvelle édition est augmentée.

STANCES

A M. LE BARON DELORT,

Ancien général de division de la grande armée, grand - officier de la
Légion - d'Honneur, député du Jura, aide-de-camp du Roi.

—

1835.

—

J'erre sur l'océan du monde
Sans pilote, sans gouvernail :
Réduit à mon faible travail,
Cédant à ma douleur profonde,
Je ne puis arriver au port...
Mais, quoi! N'es-tu pas là, Delort,
Pour me garantir du naufrage?
Ton bras sauvera mon vaisseau;
Car il a fait bien davantage
A Tarragone, à Montereau !

Dans le danger qui m'environne,
Je n'espère qu'en ton appui :
Ton pouvoir est grand aujourd'hui;
Tu brilles des reflets du trône.

Ah ! daigne, fortuné Delort,
Me venger du courroux du Sort :
Aurais-tu perdu la mémoire
De mon père, un de ces guerriers
Qui, sous le règne de la Gloire,
Partageaient ton lit de lauriers ?

MADRIGAL

A Monseigneur l'archevêque d'Albi (M. de Gualy),

QUI M'AVAIT FAIT L'HONNEUR DE M'EMBRASSER.

—

1836.

—

Dans les bras du prophète Élie,
Un enfant retrouva la vie;
Et dans les vôtres, Monseigneur,
Moi, j'ai retrouvé le bonheur !

STANCES A UN AMI.

—

1836.

—

Un jour voyant, ô Dilége,
Les lauréats du collége,
Je m'arrêtai chapeau bas :
« De la gloire, à cet âge ! Où donc est mon trophée ? »
Leur dis-je d'une voix par l'espoir étouffée.
J'entrai dans la carrière et courus à grands pas.

D'une gloire qui m'est chère,
Tous les ans mon digne père
Venait rehausser l'éclat :
J'accolais, plein de joie, avec un doux sourire,
Les palmes du collége aux lauriers de l'Empire ;
Une larme noyait le regard du soldat !

DISTIQUE

MIS AU BAS DE MON PORTRAIT,

OU FIGURE UNE TRADUCTION DES ODES D'HORACE, EN VERS FRANÇAIS,

par

M. LE BARON DELORT.

1836.

Il a reçu l'ouvrage offert à nos regards
D'un ami d'Apollon, d'un favori de Mars.

BILLET

INSÉRÉ, POUR MON PERE,

DANS UNE LETTRE QUE J'ÉCRIVAIS A UN DE MES AMIS.

—

Juin 1837.

—

Mon bienfaiteur, le général Delort,
    Et le ministre de la guerre
    Ont tous les deux reçu naguère
Le grand cordon : je m'en réjouis fort!
Je brûle, mon ami, que mon père le sache :
Il va pleurer de joie en lisant ce billet,
En voyant le cordon par lequel on attache
Les gloires de l'Empire au trône de Juillet!!!

ODE

A M. LE BARON DELORT,

Ancien général de division de la grande armée, grand-croix de la Légion-d'Honneur,
pair de France, aide-de-camp du Roi.

—

22 avril 1838.

—

Quoi! ton image au Louvre (1) enfante des héros!
Je ne m'étonne plus, devant ces faits nouveaux,
Si de ton régiment (2) la valeur renommée
Jadis à Castalla (3) triompha d'une armée.
   Là, de fiers combattants,
Redoutable Delort, ton bras joncha la terre :
Ovide aurait cru voir le maître du tonnerre
   Foudroyant les Titans

Salut, vaillants soldats, légion immortelle
Dont mon père a suivi les brillants étendards !
Votre chef, que n'ont pu contempler mes regards !
Daigne étendre sur moi sa bonté paternelle.

(1) A l'exposition du Louvre.
(2) Le 24ᵉ de dragons.
(3) En Espagne.

Dans l'arène sanglante et féconde en trépas
Où cet homme intrépide avait conduit vos pas,
Vous laissâtes de grands, de glorieux vestiges :
Vous avez en Espagne opéré des prodiges.
      Vals de votre valeur,
Admirables dragons, gardera la mémoire :
De ce jour éclatant les *Fastes de la Gloire*
      Rappellent la splendeur !

Plus tard on vit Delort lutter, sous la mitraille,
Au pont de Montereau, contre les Alliés.
Les coups qu'il leur porta furent appréciés :
Lieutenant-général sur le champ de bataille !!!

Les Français tenaient tête à cent peuples divers,
Qu'avaient encouragés le plus froid des hivers :
Le nombre l'emporta, grâce à la perfidie......
Voyant de son exil notre douleur aigrie,
      Napoléon paraît ;
Au-devant de la Gloire accourt la France entière :
Tel, agité la nuit, vole vers la lumière
      L'oiseau de la forêt.

A l'aspect du géant, l'Europe crie aux armes ;
Sur le trône ont pâli les rois épouvantés.....
Princes, ne craignez point ; il vous parle, écoutez :
« Je vous cède le monde, abjurez vos alarmes. »

Ils ont dit : « Sur la terre il n'est plus de repos !
» Guerre à Napoléon, déployez les drapeaux ! »
Toi qu'aux jours du péril a connu la patrie,
Tu vas lui faire encor l'hommage de ta vie.
        Va, Delort, va des rois,
Sous le grand capitaine, arrêter les vertiges.
Des phalanges du nord effacez les vestiges :
        Vengez, vengez nos droits !

A Ligny, la Victoire a reconnu son maître :
Tu commandais, Delort, les braves (1) cuirassiers.
Là, ton sang a jailli ; là, d'excellents coursiers
Ont expiré sous toi ! Toi-même, hélas ! peut-être.....

Peuples, recueillez-vous : c'est l'instant solennel
Où doit se disputer l'empire universel !
Aux pieds du demi-Dieu déjà gronde la foudre :
Napoléon s'avance ; il va réduire en poudre
        Ces trônes vermoulus
Qu'a souvent ébranlés, de son aile rapide,
Son aigle audacieux, que la Victoire guide !
        Une heure, ils ne sont plus.

---

(1) Voyez les *Mémoires sur les Cent Jours*, par M. le baron Fleury de Chaboulon, tome **2**, page **159**.

Ah! Ney, Soult, Kellermann , redoublez de courage :
Bonaparte (1), Lobau , Cambronne et toi, Delort,
La terre vous contemple! Encor un noble effort,
Et des rois confondus vous recevrez l'hommage !!!

Grouchy! Non... c'est Blucher... J'entends un cri fatal!
Quel lâche de la fuite a donné le signal !
Frémis, Napoléon : la palme t'est ravie...
Voile-toi d'un long crêpe, ô ma chère patrie !
          Pleure sur tes enfants,
Qui sous le poids du ciel sont retombés esclaves :
Dieu seul a retenu Grouchy loin de tes braves,
          Jusqu'au soir triomphants !...

L'élite de ces preux, que l'univers admire,
A dit : « *La garde meurt, elle ne se rend pas!* »
Ces héros ont offert, par leur brillant trépas,
La plus digne hécatombe aux mânes de l'Empire !!!

---

(1) Bonaparte (Jérôme), ex-roi de Westphalie.

ÉPITRE

A MES ÉLÈVES,

en réponse à un compliment.

—

Au collége d'Ambert (Puy-de-Dôme),

26 juin 1838.

—

Je vous aimais sans vous le dire :
Pour me témoigner votre amour,
Mes amis, vous prenez la lyre ;
Je vais donc la prendre à mon tour.
Je doute qu'elle puisse rendre
Ce qu'éprouve aujourd'hui mon cœur :
Vos sentiments, votre âge tendre,
Tout émeut votre professeur.
Que votre Muse est éloquente !...
Mais n'ai-je pas mal entendu ?...
Oui, mes enfants, j'ai l'*âme ardente*
Pour la gloire et pour la vertu.
Vos fronts aimables, sans nuage,
De la seconde chaque jour
M'offrent la pure et noble image :

C'est de là que vient mon amour.
Puissiez-vous toujours de l'enfance
Garder la beauté, la candeur !
Persévérez dans l'innocence :
Avec elle fuit le bonheur.
Aimez Dieu, qui vous donna l'être ;
O mes amis, servez-le bien :
Il est bon, notre divin maître ;
Des faibles il est le soutien.
Dans l'ardu sentier de la vie
Priez-le de guider vos pas ;
Implorez l'auguste Marie :
Qui l'invoque ne périt pas.

ÉPITRE

A M. ROUVET,

Soldat de la République et de l'Empire, chevalier de la Légion-d'Honneur.

—

20 juillet 1838.

—

Reçois, scieur-de-long, qu'anoblit Saint-Jean-d'Acre,
Ces vers qu'à ta valeur ton jeune ami consacre;
Daigne, Rouvet, les joindre à ta grenade d'or,
Où du Premier Consul la gloire brille encor.

Le héros de Toulon, vainqueur de l'Italie,
Ayant conquis l'Egypte, envahi la Syrie,
Allait soumettre l'Inde et l'empire chinois :
Bientôt l'Asie entière eût reconnu ses lois.
Mais peut-être quelqu'un me dira : Tu t'abuses ;
J'appuîrai mon avis : soixante mille Druses
Devaient du conquérant seconder les projets,
Lorsque dans Saint-Jean-d'Acre ils verraient les Français.
Rouvet, il fallait donc enlever cette place ;
Alors tu déployas ta gigantesque audace :
Intrépide, à l'assaut tu montas quatre fois ;
Le plomb seul arrêta le cours de tes exploits !

Si tu n'avais reçu ta blessure profonde,
Tu pouvais au grand homme offrir les clefs du monde...
Aussi n'a-t-il pas craint, devenu tout-puissant,
De se montrer, pour toi, deux fois reconnaissant;
Et l'Histoire (1), qui veut couronner son ouvrage,
A la postérité signale ton courage.

---

(1) Les Fastes de la Gloire.

MADRIGAL

A M. LE BARON DE TALAIRAT.

—

1838.

—

Ce n'est pas de l'oubli que ton âme est charmée ;
J'en atteste , baron, tes poèmes divers :
   On ne fuit pas la renommée
   En publiant de jolis vers.

A LA FRANCE.

—

Février 1840.

—

Chante, fille de la Victoire,
Sur la harpe des dieux tes prodiges divers.
Avec Rome, à Châlons, tu partageas la gloire
De frapper Attila, Marteau (1) de l'univers.

Sans toi, l'Europe consternée
Aurait des Sarrasins subi le joug affreux :
Tu fixas les regards de la Terre étonnée,
Le jour où tu broyas trois cent mille d'entr'eux.

Tes mains, à travers les orages,
Ont dans le Nouveau-Monde assis la Liberté.
Ta gloire, ô ma patrie, a remonté les âges (2) :
Honneur à ces tombeaux où gît l'Antiquité !

---

(1) C'est un des terribles surnoms qu'avait pris le farouche Attila.

(2) On se rappellera sans doute qu'avant de livrer la bataille des Pyramides, Bonaparte dit à son armée : « Soldats, songez que, du haut de ces monuments, quarante siècles vous contemplent ! »

France, à tes pieds, j'ai vu le monde !
N'as-tu pas, de nos jours, relégué dans les flots (1)
La puissante Albion, perfide comme l'onde ?
N'as-tu pas sur le pôle arboré tes drapeaux ?

Qui les a brisés ? La Nature :
Elle a craint de te voir escalader les cieux ;
Les hommes, redoutant l'éclat de ton armure,
N'ont marché contre toi qu'à la suite des dieux.

Ton bras, que Marathon adore (2),
A de la Royauté foudroyé les écarts :
Sois toujours libre et fière, ô toi qui, jeune encore,
Retiras du néant (3) le trône des Césars.

---

(1) Il s'agit ici du blocus continental.

(2) Tout le monde sait que la France a plus contribué que l'Angleterre et la Russie, à l'affranchissement de la Grèce.

(3) Ce vers fait allusion au rétablissement de l'empire d'occident par Charlemagne.

LA MORT DE NAPOLÉON.

Ode.

Peuples, il est à l'agonie,
Le fameux conquérant, le sublime génie,
Qui d'un joug glorieux menaça l'univers !
Il bénit la patrie au milieu du délire :
O France ! voile-toi : Napoléon expire.....
Comme l'astre du jour, il meurt au sein des mers !

Un vautour à la face humaine
Dévorait lentement, sur le roc Sainte-Hélène,
L'Être qu'enchaînait là Dieu, jaloux de ses droits ;
Mais le bras de la Mort, trop souvent redoutée,
A brisé les liens du nouveau Prométhée,
Qui dans sa fière audace avait créé dix rois.

Que n'ai-je une plus forte lyre !
Eh ! qui pourra chanter les hauts faits de l'Empire,
Dont le moindre soldat conquit le Panthéon ?
Qui pourra célébrer le géant de l'histoire ?
Silence (1) ! Dieu lui-même en consacre la gloire :
Sur le globe il écrit : « Ci-gît Napoléon. »

---

(1) Il tonna quand Napoléon mourut : voyez le *Mémorial* de Ste-Hélène,
par M. le comte de Las Cases.

LES VŒUX DU PEUPLE.

Chanson.

Air : *On t'a planté dans cette enceinte, etc.*
Ou : *Que cette voûte retentisse, etc.*

15 mars 1840.

Il est encore à Sainte-Hélène,
Où les flots seuls lui font la cour..... } *Bis.*
Qu'il repose aux bords de la Seine,
Environné de notre amour ! } *Bis.*

Ah ! que n'a-t-il été plus sage !
Il aurait triomphé des rois : } *Bis.*
Nous l'aurions sauvé du naufrage,
S'il n'eût aux pieds foulé nos droits. } *Bis.*

France, il t'a légué sa dépouille ;
N'oserais-tu la réclamer ? } *Bis.*
Reprends ton glaive, qui se rouille :
Malheur à qui te fait armer ! } *Bis.*

Où placer le fils de Bellone,
Quand à nos yeux il aura lui ? } *Bis.*
Nous le mettrons dans la Colonne (1),
Le seul tombeau digne de lui. } *Bis.*

(1) Ce vœu, que je n'exprimais qu'en passant, parce qu'il s'agissait, avant tout, d'arracher Napoléon de son funèbre exil ; ce vœu secondaire fut, on ne l'a sans doute pas oublié, l'objet d'une discussion dans le conseil des ministres.

RÉPONSE OFFICIELLE.

—

27 mars 1840.

Monsieur le Président du Conseil a reçu les vers que M. Bugnard a bien voulu lui adresser : il le prie d'agréer ses remercîments et l'assurance de sa considération distinguée.

A MON PÈRE.

—

Mai 1840.

—

O mon père, console-toi :
Tu verras sa dépouille auguste !
Bénis ton fils, Thiers et le Roi.....
Non, non, bénis Dieu : c'est plus juste.

AUX FRANÇAIS.

—

Décembre 1840.

—

Enfants de ma patrie ,
Bénissez le Très-Haut , qui remet dans vos mains
La dépouille chérie
Du plus grand des héros , du plus grand des humains.

La Bible a célébré (1) la gloire d'Alexandre !....
A qui sans la couronne eût-il dicté des lois ?
Français ! Napoléon , qui renaît de sa cendre ,
Sut avec l'épaulette en imposer aux rois.

Il avait au pays donné le plus beau lustre ,
Quand il reçut du Ciel un fils trop souhaité.....
Qu'offrit-il , pour hochet , à cet enfant illustre ?
Le sceptre qu'un géant , Charlemagne , a porté (2).

—

(1) Machabées, livre 1er, chap. 1er.
(2) Sous un titre différent.

Enfants de ma patrie,
Bénissez le Très-Haut, qui remet dans vos mains
La dépouille chérie
Du plus grand des héros, du plus grand des humains.

Au milieu des horreurs d'une effroyable crise,
Vous aviez abjuré le culte de la Foi ;
Mais lui, de l'Orient, comme un autre Moïse,
Rapporta parmi vous les Tables de la Loi.

Avant que de monter sur le trône du monde,
Qu'ébranla la Nature et que renversa l'Or ;
L'homme que Dieu vous rend dans sa bonté profonde,
A couronné son front de l'éclat du Tabor !!!

Enfants de ma patrie,
Bénissez le Très-Haut, qui remet dans vos mains
La dépouille chérie
Du plus grand des héros, du plus grand des humains.

LE QUINZE DÉCEMBRE.

—

1840.

—

Tu couronnes , Juillet , ta sublime victoire
En rendant le grand homme à la grande cité ;
    En évoquant la Gloire
    Après la Liberté !

Et moi , fils d'un soldat , d'un soldat de l'Empire ;
Moi , qui peux désormais avoir un peu d'orgueil ,
    Je dépose ma lyre
    Sur l'auguste cercueil !!!

APPENDICE.

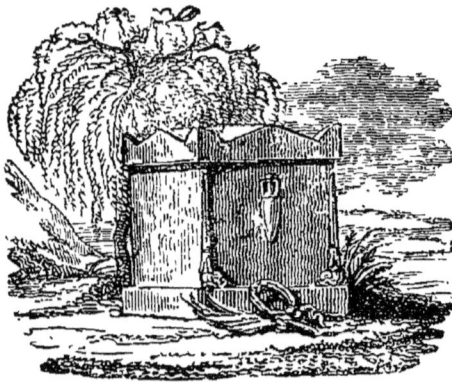

AU VIOLON DE MON PÈRE,

Ancien brigadier-trompette du 24ᵉ de dragons, mort à Albi, le 14 avril 1841.

Cette pièce, faite en 1843, et publiée deux ans après, n'aurait peut-être jamais vu le jour, sans la naissance du fils que Dieu me donna, le 14 mars 1845, à Bagnères-de-Bigorre, où je demeurais depuis quelques années.

—

Incipe, parve puer, luctu cognoscere patrem.

Que tu m'es cher, ô toi dont l'harmonie
Du vieux soldat accompagnait la voix,
Quand sa famille, au foyer réunie,
L'avait prié de chanter nos exploits !
Ah ! vibre encor l'histoire de l'Empire
A mon oreille avide de tes sons !
Vœux insensés ! la gloire que j'admire
A mis hélas ! un terme à tes chansons...
Qu'ai-je entendu ? tu frémis, ce me semble ;
Je te bénis, digne écho de mon cœur...
Je pleurais seul, nous gémirons ensemble :
Gémir à deux c'est presque du bonheur !
De tant d'amis que m'a légués mon père,
Un, je l'avoue, a paru dans ces lieux ;
Il a pris part à ma douleur amère,
Car une larme a roulé dans ses yeux ;
Mais il a fui de ma triste demeure ;
Et tu n'as pu le retenir un jour,
Riant vallon, où celui que je pleure
Me relégua par un excès d'amour...

Je te comprends, ô violon magique,
Tu sauras mieux partager mes regrets :
Tu m'aideras dans le panégyrique
Du preux, qui dort à l'ombre des cyprès.
Ami des arts, l'infortuné trompette
Réveillerait ton archet endormi,
S'il n'eût long-temps, sous l'homme qu'on regrette,
Soufflé la mort au sein de l'ennemi :
Oui, le clairon, instrument de victoire,
A de ton maître épuisé la vigueur,
Comme le prouve un sinistre (1) mémoire
Dont il n'a pas réclamé la valeur ;
Car il n'aurait sollicité personne ;
Et cependant il n'avait d'autres biens
Que ses lauriers, qu'ensanglanta Girone,
Et que Delort (2) daigne accoler aux siens.
Mais j'oubliais sa cabane rougeâtre;
Et son pain bis, aumône (3) de l'État ;

---

(1) Mon père, à la chute de l'Empire, reçut avec son congé, un *Mémoire de proposition* pour une indemnité. Cette pièce atteste : 1° que mon père est atteint d'un *crachement de sang presque habituel, de douleurs de poitrine, etc.; 2° que ses infirmités sont d'un *caractère grave*, et proviennent des *fatigues de la guerre*. Ce furent là les premiers symptômes de la maladie qui l'a précipité dans le tombeau.

(2) M. le baron Delort me parle, dans quelques-unes de ses lettres, de la bravoure et des bons services de mon père, qui l'eut deux ou trois ans pour colonel. Je suis fier, je l'avoue, de l'éclat que jette sur le vieux soldat :

« Delort, noble rayon de notre ancienne gloire » ;

car c'est ainsi que je peignis, en 1835, ce général de division de la grande armée.

(3) Après avoir servi trente-deux ans comme trompette, soit dans les ar-

Et son armure, et son idole en plâtre...
Comme il aimait le fameux potentat !
Dans les élans de cet amour extrême,
Il s'écriait (tu dois t'en souvenir,
Toi qui soudain prenais le ton suprême) :
« Gloire au héros qui mourut en martyr ! »

Pauvres humains ! c'est pourtant le despote
Qui fit éclore un amour si profond :
J'en ai la preuve, elle est dans une note,
Dont un guerrier m'a garanti le fond (1).
Voyant un jour réformer par le maître
Son vieux coursier encor plein de vigueur,
Mon père dit un mot, un rien peut-être.
« Qui grogne ici ? » demanda l'Empereur,
Dont le regard brilla comme la foudre.
« Moi, répondit le soldat prêt au choc,
» A perdre Abel je ne puis me résoudre :
» Je l'aime autant que vous aimez Duroc. »
Napoléon, que ce langage étonne,
Consulte alors officiers, colonel ;
Et satisfait des notes qu'on lui donne :
« C'est bien, dit-il, rendez-lui son Abel. »
Ainsi frappait l'Hercule de l'histoire....
Eh quoi ! mon Dieu ! je l'admire toujours !...
Mais les tributs que je paie à la Gloire,

mées, soit dans la gendarmerie, mon père n'avait obtenu qu'une modique
pension de 294 francs.... du reste, il n'en a joui que quatre ans et sept
mois !
(1) Quant aux détails de cette anecdote, il les a oubliés.

Sont un hommage à l'auteur de mes jours !
Je lui montrais dernièrement en songe ,
Car je le vois presque toutes les nuits ,
Par un bonheur qui sans doute prolonge
Le triste cours de mes jours pleins d'ennuis ;
Je lui montrais , dis-je , un beau reliquaire
Où je conserve un oracle flatteur (1) ,
Avec un don que j'ai reçu naguère (2)
De ce Bertrand , courtisan du malheur :
La joie enfin dans mon âme pénètre ,
S'écria-t-il après un long soupir ,
« Ah ! quel moment ! il me semble renaître :
» Jamais, je crois, je n'eus tant de plaisir. . . .

---

(1) Une quinzaine de jours après l'arrivée des cendres de Napoléon à Paris,
le 1er janvier 1841 , j'adressai à M. le vicomte de Chateaubriand un exem-
plaire de mon opuscule , avec ce quatrain :

Vous qui brillez au front de ma patrie ,
Comme une perle au front de mon amie ;
Chateaubriand , que la Gloire admira (*)
Daignez me lire , et ça me suffira !

Voici la réponse :

Paris , 6 janvier 1841.

Votre quatrain, Monsieur, est beaucoup trop flatteur pour moi : vous
aurez pour lecteurs toute la France.

Agréez , Monsieur, mes remercîments sincères, et l'assurance de ma
considération très-distinguée.   CHATEAUBRIAND.

(*) Napoléon a dit, à Sainte-Hélène : » Chateaubriand a reçu de la nature
le feu sacré : ses ouvrages l'attestent. Son style n'est pas celui de Racine ,
c'est celui du prophète , etc.

(*Mémoires pour servir à l'histoire de France,
sous Napoléon* , par M. de Montholon.)

(2) Ce don , que j'ai reçu dans le mois de février 1842, consistait en un
morceau de saule et un fragment de pierre, provenant du tombeau de Sainte-
Hélène. J'ai fait enchasser depuis une partie de cette pierre dans un ma-

» Que vois-je encor? Rien ne manque à ta gloire :
» Las Cases doit (1) perpétuer les vers
» Que t'inspira l'époux de la Victoire,
» Mort prisonnier de son hôte pervers. »
Apercevant ses états de service,
Pâles reflets de ceux du conquérant,
Il ajouta : « Quoi ! là !... sous ses auspices !
» Grâce, mon fils : mon bonheur est trop grand !!! »
Il appuya sa tête, ivre d'extase,
Contre mon cœur, fier d'un si noble faix ;
Puis, d'un baiser s'exhala cette phrase :
» Dieu te rendra le bien que tu me fais (2). »

---

gnifique anneau d'or, suivant le conseil de ma chère compagne, à qui j'ai adressé, dans cette occasion, ce petit madrigal :

Cet anneau précieux m'offrira tour-à-tour
Des souvenirs de gloire et des pensers d'amour.

(1) M. le comte de Las Cases m'a promis, au mois de janvier 1841, pour *lui* et pour *les siens*, l'insertion dans le *Mémorial de Sainte-Hélène* de deux de mes pièces, *La Mort de Napoléon* et *Les Vœux du Peuple*.

(2) Cette prédiction s'est accomplie, grâce à la bonté de M. le ministre de l'instruction publique, qui avait lu mes vers.

UN SOUPIR

A MA FILLE,

MORTE A L'AGE DE QUATORZE MOIS ET DEMI,

le 4 septembre 1844.

Par des prodiges de tendresse ,
Ma fille a suspendu le cours
Des pleurs que je donnais sans cesse
A l'auteur chéri de mes jours ;
Mais quand de sa perte affaiblie
Mon cœur a paru consolé ,
Croyant sa mission remplie
Cet ange hélas ! s'est envolé !

QUATRAIN

ADRESSÉ, LE 24 AOUT 1845,

A M. LE MAIRE DE TARBES,

A L'OCCASION D'UN BAL QUE CETTE VILLE DEVAIT OFFRIR LE LENDEMAIN

A LEURS ALTESSES ROYALES

Monseigneur le duc et Madame la duchesse

DE NEMOURS.

———

Je vous supplie, au nom de toute la contrée,
De ne pas trop, demain, prolonger la soirée :
Il faut que l'heureux couple, objet de notre amour,
Se repose la nuit du bien qu'il fait le jour !

ÉPITRE

A Sa Majesté la Reine des Français.

—

Auch , novembre 1845.

Quand , pareil à la foudre , effet du choc horrible
De deux nuages plein d'un fluide terrible ,
Bonaparte jaillit du choc de deux états ,
Toujours prêts à courir la chance des combats ;
Ce fut avec orgueil que ce foudre de guerre ,
Qui venait de frapper les trois-quarts de la terre ,
Franchit le seuil altier du palais de nos rois ,
D'où, vice-Dieu du monde , il proclama ses droits.
Pourrais-je être moins fier que le héros d'Arcole ,
Moi , le fils d'un soldat sorti de son école ,
Lorsque , par un Mécène appelé dans ces lieux ,
Je m'installe au séjour (1) d'un de vos grands aïeux ?
Ce prince , dont le peuple a retenu l'histoire ;
Car de ses bienfaiteurs il garde la mémoire,
Est celui qui lançait , en assiégeant Paris ,
Des pains , au lieu d'obus , sur des remparts chéris.

---

(1) Je venais d'entrer , comme locataire, dans une maison qui passe pour
avoir été le séjour d'Henri IV, à l'époque où Catherine de Médicis vint
s'aboucher avec lui, à Auch, pour mettre un terme à la guerre civile.

Je pouvais autrement désigner Henri Quatre ,
Au souvenir duquel tout noble cœur doit battre ;
Mais devais-je , Madame , oubliant sa bonté ,
Ne parler que victoire à votre Majesté ?
L'image de Henri triomphant par les armes
Pour vous , Reine adorée, aurait eu moins de charmes;
Car de tous les exploits , les plus beaux à vos yeux ,
Sont ceux que le Très-Haut couronne dans les cieux.
C'est la meilleure part que vous avez choisie ,
Comme dit le Seigneur en parlant de Marie :
Cueillez donc vos lauriers; car ceux-là , toujours verts,
Sont les seuls , oui les seuls qui ne soient pas amers.

> *P. S.* Vous expiez votre bonté
> Pour l'*enfant de la Providence* (1),
> Qui n'eût pas pris la liberté ,
> Dans sa royale résidence ,
> D'écrire à votre Majesté ,
> Si par votre condescendance ,
> Vous ne l'aviez déjà gâté.

---

(1) Ce nom me fut donné , vers la fin de 1838 , par un bon prêtre , qui est allé déjà , quoique bien jeune encore , recevoir le prix de ses vertus.

PRIÈRE[1]

D'UNE JEUNE BERGÈRE

Qui, du haut d'un arbre sur lequel elle avait cherché un refuge contre
la crue subite du Tarn (2), venait de voir échouer tous
les efforts tentés pour sa délivrance.

—

Février 1846.

—

> Pater mi, si possibile est, transeat
> à me calix iste; verumtamen non
> sicut ego volo, sed sicut tu.
> (*Passion de N.-S.-J.-C.*)

Dieu jaloux,
Dont j'adore
Le courroux,
Je t'implore.
C'est à toi
Que Saint-Pierre,
Faible lierre
Comme moi,
Dans sa crainte
S'attacha;

---

(1) M. Victor Hugo, à qui j'avais soumis cette pièce, la lut avec intérêt,
si j'en crois la lettre autographe dont il m'honora dans cette occasion.
(2) Tradition albigeoise.

Et sa plainte
Te toucha.
Ah ! protège,
Contre l'eau
Qui m'assiége,
Ce bouleau
Qu'elle sape ;
Fais , seigneur ,
Que j'échappe
A l'horreur...
Ciel ! la crue
Continue !
Plus d'espoir :
Dans le gouffre
Je vais choir...
Que je souffre !
Bénis-moi :
L'eau me gagne...
Accompagne
Mon convoi !

MADRIGAL

A M. LE GÉNÉRAL DELORT,

Qui m'avait envoyé des vers anonymes.

—

Mars 1846.

—

C'est vous dont la Muse envahit ,
Pour la seconde fois , mon auguste retraite :
Vous exhalez toujours , comme la violette,
Un doux parfum qui vous trahit.

ÉPITRE

adressée

A SON EXCELLENCE M. LE COMTE DE SALVANDY,

MINISTRE DE L'INSTRUCTION PUBLIQUE, GRAND-MAITRE DE L'UNIVERSITÉ,

GRAND-OFFICIER DE LA LÉGION-D'HONNEUR,

à l'occasion de la

MORT DE SA MÈRE,

décédée

le 22 mars 1846.

—

Avril 1846.

—

> J'avais besoin d'être seul avec toutes les pensées qui se pressent dans le cœur d'un fils, quand il songe que l'auteur, le premier ami, le guide de sa vie, a fermé les yeux.
> (M. le comte de Salvandy, dans Alonzo, liv. 26.)

Réprimant de mon cœur les élans indiscrets,
Je t'ai laissé long-temps seul avec tes regrets ;
Mais craignant aujourd'hui que ta douleur extrême
Ne blesse enfin de Dieu l'autorité suprême,
Je viens te rappeler que, malgré ton amour,
Ta mère, ô Salvandy, devait mourir un jour.....
Nous sommes tous soumis à la crise fatale ;
En vain, pour éluder cette loi générale,
Les païens ont-ils fait d'ambitieux travaux ;
De tous les monuments qu'éleva leur audace,

Il n'est resté debout, dans ce monde où tout passe,
Que ceux (1) de leur néant, car ce sont des tombeaux.

Si j'ose te parler ce langage sévère,
Après avoir pleuré mon père devant toi,
C'est que mon deuil s'épure au creuset de la foi :
C'est que je vois le ciel au-dessus du calvaire.
Ah ! relève, à ton tour, ton courage abattu :
As-tu dans cette épreuve épuisé ta vertu ?
Songe, noble roseau courbé par la tempête,
Que, l'orage passé, tu dois lever la tête :
C'est là-haut, oui, là-haut et non sous les cyprès,
Que tu retrouveras l'objet de tes regrets...
Mais tu n'as pas besoin d'une telle assurance,
Car tu n'es point de ceux qui n'ont pas d'espérance :
Aussi l'Être dont l'œil veille tout à la fois
Sur les mondes semés dans les champs de l'espace,
Et sur les passereaux dispersés dans les bois,
Au banquet des élus a-t-il marqué ta place !

(1) Les Pyramides d'Égypte.

HUITAIN

FAIT LE JOUR OU L'ON A RÉUNI LES RESTES DES GÉNÉRAUX

DUROC ET BERTRAND

AUX CENDRES

de

NAPOLÉON.

—

5 mai 1847.

—

Il sera beau de voir, sous le superbe dôme
    De l'héroïque Panthéon
Où, sans craindre le Sort, règne Napoléon,
    Les deux amis de ce grand homme ;
Car ils reproduiront, reflets de l'Empereur,
    Les deux phases de son histoire :
L'un représentera l'époque de la gloire ;
    Et l'autre, celle du malheur !

A MON HÉROÏ-RELIQUAIRE.

—

15 août 1847.

—

Admets dans ton enceinte, aux pieds du capitaine
Dont l'univers admire les hauts faits,
Le *pauvre* (1) *chien* auquel, à Sainte-Hélène,
Il a dit tant de fois : *Ne me quitte jamais.*

---

(1) Allusion au fameux refrain de la chanson allégorique où l'on rendit, sous la Restauration, un si touchant hommage à la fidélité du général Bertrand.

www.ingramcontent.com/pod-product-compliance
Lightning Source LLC
LaVergne TN
LVHW022030080426
835513LV00009B/951